◆印は不明確な年号、ころの意味です。

| アジア・アフリカ | 日本の動き | 西暦 |
|---|---|---|
| | | 1760 |
| 1767 第1次マイソール戦争（—1769） | 蘭学・国[illegible]の発展 | |
| 1768 第1次ロシア・トルコ戦[illegible]1774） | 田沼時[illegible] | |
| 1771 ベトナム＝タイソン党の[illegible] | | |
| 1774 インド＝イギリスのへ[illegible]総督就任 | | |
| 1777 ベトナム＝タイソン朝成立 | [illegible]改革 | |
| 1786 タイソン朝、ベトナム統一 | 工場制手工業が発達 | |
| 1793 北京にイギリス使節マカートニー到着 | 幕藩体制が動揺 | |
| 1796 清＝白蓮教の乱 | | |
| 1798 エジプト＝ナポレオン侵入 | | |
| | 町人文化（化政文化）さかえる | 1800 |
| 1802 阮朝成立　阮福映、ベトナム統一 | ヨーロッパの開国要求つよまる | |
| 1805 エジプト＝ムハンマド・マリー太守となる | | |
| 1811 オランダ領東インド＝イギリスが占領 | | |
| 1819 シンガポール＝イギリスが領有 | | |
| 1824 マラッカ＝イギリスが領有 | | |
| 1825 ジャワ戦争（—1830） | | |
| 1830 ジャワ、オランダが輸出作物の強制栽培を実施 | | |
| 1839 ムハンマド・アリー、エジプト独立運動<br>清＝林則徐、広州でアヘンを没収 | | 1840 |

# 目　次


**ワシントン**　文・上村勝彦　絵・永沢　樹 …………………… 6

**ペスタロッチ**　文・上村勝彦　絵・鮎川　万 …………………… 20

**ジェンナー**　文・上村勝彦　絵・鮎川　万 …………………… 34

ハイドン　文 加藤貞治　絵 浅田美智也 ……… 48

ワット　文 加藤貞治　絵 槇　隆夫 ………… 50

ラボアジエ　文 加藤貞治　絵 浅田美智也 ……… 52

ジェファソン　文 上村勝彦　絵 永沢　樹 ………… 54

ゴ　ヤ　文 大塚夏生…………………………… 56

ゲーテ　文 加藤貞治　絵 浅田美智也 ……… 58

ファラデー　文 有吉忠行　絵 高山　洋 ………… 60

読書の手びき　文 子ども文化研究所 …………… 62

せかい伝記図書館　7

# ワシントン
# ペスタロッチ
# ジェンナー

IZUMI いずみ書房

# ワシントン

（1732―1799）

**イギリスの植民地だったアメリカを独立させ、合衆国初代大統領となったアメリカ建国の父。**

## ●矢のようにまっすぐな心

　ある晴れた日のことです。ひろびろとした農園で、幼い兄弟が、弓矢であそんでいました。はちまきをした頭に鳥の羽根をさして、インディアン気どりで、はしゃいでいます。しかし、兄弟がどんなにいっしょうけんめいねらいをさだめても、矢は的に命中しません。こんなはずはないと、二人は、ぶつぶついいあっていました。すると、そのようすを先ほどからながめていた父親が、ほほえみながら近づいてきました。農作業でふしくれだった大きな手で、弓と矢をつかみ、目の高さまでかかげると、しばらくじっと見つめていました。

「矢が曲がっているぞ。これでは、どんなにねらいうちしても、むだなことだ」

　父は枯れ木をひろい集めると、火をたいて矢をあたた

め、まっすぐにのばしました。

　その矢を射ると、みごと命中です。

「おまえたちも、あの矢のようにまっすぐな心を持たなくてはいけない。正しい道を一直線に進みなさい」

　父は、二人の頭をなでながら、語りました。

　のちに、アメリカ合衆国の独立に力をつくし、初代大統領となったワシントンが、少年だったころの話として、語り伝えられています。

　ジョージ・ワシントンは、1732年、当時はまだイギリスの植民地だったアメリカのバージニア州に生まれました。一家は、ワシントンの生まれる80年前にイギリスから移住してきて、大きな農園を経営していました。

ワシントンは、野や山をかけまわる冒険好きな少年でした。毎年春におこなわれる子どもいかだ乗り競争には、いつも参加しました。ある年、いかだが大きなうずに巻きこまれて、転落してしまいました。流れは急です。小さなワシントンは、たちまち、うずの中心に引き寄せられてしまいました。いかだとともに、水の中にかくれて、いつまで待っても、ワシントンは、すがたをあらわしません。とうとう見ていた子どもたちは泣きだし、大人たちの顔もこわばってきました。ところが、そのときワシントンが、突然水の中から顔を出しました。人びとは喜びの声をあげ、手をたたいてワシントンのたくましさをたたえました。

## ●インディアンの子を救う

ワシントンが11歳のときに、父は49歳の若さで死にました。農園などの財産は、兄がゆずりうけました。まだ少年だったワシントンは、兄の手によって育てられることになりました。

父の急死に、ワシントンは気持ちを引きしめ、いっしょうけんめい勉強しようと決心しました。すじ道をたてて考えることが必要な数学が、いちばんすきでした。

やがて測量の勉強を始めると、たちまち夢中になりました。いったん始めたことには、全力をつくすのが、ワシントンのよいところです。習ったばかりの技術を実際に応用してみたくなり、自分の農園を測量することにしました。ワシントンは、弟や妹に目じるしの棒を持たせ、てきぱきと命令しながら測量器を使って、土地を測りました。

できあがった図面を近所の人たちに見せると、その正確な測量にだれもが驚きました。

測量の正確さが評判になり、まだ15歳だというのに、正式に仕事を依頼されるようになりました。

当時のアメリカ大陸で、開拓されていた土地は、全体の広さからみれば、ほんの一部分にしかすぎませんでした。大部分は、一面の原生林です。だから、自分の土地の正確な広さを知らない人がいても、不思議では、ありませんでした。

あるときフェアファックスという広大な土地を持つ老人にたのまれて、ワシントンは、測量隊を組織しました。川をわたり、森を抜け、奥地へ奥地へと測量の旅をつづけました。

川の岸辺で休んでいるときのことです。突然助けを求める悲鳴が聞こえてきました。かけつけてみると、インディアンの女の子が川に流されています。流れの急な所です。子どもは、浮いたり沈んだりしながら、遠ざかっていきます。必死に助けを求める母親の顔は、まっさおです。

ワシントンは、す早く上着を脱ぎすてると、身をおどらせて、水中に飛びこみました。なかなか、体の自由がききません。大きな岩にぶつかりそうになります。それでも勇気と冷静さを失わず、無事に子どもを救いだしました。インディアンの親子はしっかりとだきあい、なみだを流して礼をいいました。

そのごも測量隊は調査をつづけ、数か月ごに土地の図

面をフェアファックス老人にわたしました。正確な測量に老人は、おおいに満足しました。

ワシントンは、わずか19歳で州公認の測量技師になりました。

## ●秘密指令をうけて旅へ

ワシントンが、20歳のとき、兄が亡くなりました。兄は、大農園を経営し、すぐれた軍人としても活やくしていました。ワシントンは、そのあとをうけて、バージニア州の義勇軍の少佐になり、農場もひきつぎました。

そのころのアメリカは、まだ独立した国ではありません。1492年にコロンブスが、アメリカ大陸を発見して以来、イギリスとフランスを中心に、ヨーロッパの国ぐには、植民地を広げようと、きそっていました。

ワシントンの住んでいるバージニア州は、イギリスのエリザベス女王が、1607年に始めた最初の植民地です。そのご、ワシントンの生まれるまでに、イギリスの植民地は、13州にふえていました。

フランスは、カナダの東岸を足がかりにして、メキシコ湾まで進み、イギリスの植民地をかこむ形になっていました。1753年オハイオ地方のフランス軍が、勢力を広げようと、イギリス領に侵入してきました。イギリス側は、さっそく抗議をすることにしました。

ワシントンは、抗議を伝える使者に選ばれました。しかも敵のようすを探ってくるというスパイの命令もおびています。抗議の一団が出発したのは、11月もなかばのことでした。骨まで凍りつくような寒さと、けわしくて迷いやすい道に悩まされながら、密林を進みました。フランス軍の駐とん地についたのは36日めのことです。

ワシントンは、抗議書を手わたし、フランス軍に、侵入前の地点までもどるよう、きびしく要求しました。そして、返事を２日ごにもらう約束をとりつけました。

夜になって、フランス軍の大尉が、酒と料理をふるまっ

てくれました。ワシントンを酔わせて、イギリス軍の実情をしゃべらせるつもりです。

ワシントンは、だまされませんでした。酔ったふりをして、いっしょに飲んでいたフランスの軍人を逆に油断させ、フランス軍の情報を聞きだしたのです。将校たちは、酒に酔った勢いで口をすべらせ、自分たちの秘密を話してくれました。また、返事を待っている2日間のうちに、敵の兵力も調べあげてしまいました。

最後の日に、フランス軍は、一歩も退くつもりはないという返事をしてきました。ワシントンは、もういちど説得しました。でも、どうしても受け入れられず、返書をそのまま持って帰るよりしかたがありませんでした。
帰りは、来るとき以上にたいへんでした。川を下るとき、船が岩にぶつかって、何度そう難しそうになったかしれません。また、まっ黒い雲が地面をはうように低くたれこめたかと思うと、一歩も前に進むことができないほどの猛ふぶきに見舞われました。フランスに味方するインディアンにおそわれ、死にものぐるいで戦ったこともありました。
たびかさなる危険をのりこえて、やっと、バージニアへ帰りつきました。敵地で調べてきたことは、すべて、重要なことでした。ワシントンは、使者の大役をりっぱに果たした功績で階級が上がり、中佐になりました。
イギリス本国からは、戦争にそなえ、ブラドック将軍のひきいる援軍がやってきました。しかし、フランスも、おおくのインディアンを味方にしていました。戦いが始まると、イギリス軍は負けつづけました。
「これでは、フランス軍に植民地をうばわれてしまう」
危機を感じたバージニアの人たちが、ワシントンのもとへ義勇兵として集まってきました。ワシントンは、この兵をひきいて戦場へかけつけ、デュケーヌのとりでを占領しました。そして、これがきっかけで、イギリス軍は大勝利をおさめ、アメリカ大陸と土地は、イギリスの

植民地になりました。

ワシントンは、27歳のとき、軍服をぬいで自分の農場へ帰り、美しい女性と結婚して、平和な生活にもどりました。

## ●独立戦争を勝利に導く

フランスとの戦いには勝ったものの、7年にわたる戦争にばく大なお金をつかったイギリス本国は、経済的に苦しくなっていました。そこで、国の収入をふやすために、アメリカ大陸の植民地の人びとに、重い税金をかけるようになりました。しかし、これは植民地の人びとの反抗で改められました。

ところが、イギリス本国は、税金をやめたかわりに、値段の高いお茶をむりやりにおしつけてきました。

「植民地だからといって、本国にばかにされてたまるか」

植民地の人びとは、おこりました。ついに1773年の暮れ、インディアンに変そうした人びとが、ボストンに入港したイギリス船にしのびこみ、積んであった茶をすべて海へ投げすててしまいました。

この事件をきっかけに、イギリス本国はきびしい態度をとり始め、軍の力でボストンを占領してしまいました。はげしい争いになりました。自由を勝ちとるために、アメリカ独立戦争の火ぶたが、切られたのです。

ワシントンは、13州の代表者が開いた大陸会議で、アメリカ軍総司令官にえらばれ、ふたたび軍をひきいて立ちあがりました。しかし、りっぱなイギリス本国の軍にくらべると、アメリカ13州の軍は、農民や労働者たちの集まりです。武器もわずかで、軍服もなく、はだしの者さえいます。

それでも、ワシントンは、兵の訓練をつづけながら、勇気とねばり強さとすぐれた作戦で、敵を苦しめました。

この争いは、初めはイギリス本国の横暴に対する反抗にすぎませんでした。ところが、植民地の人びとは戦い

をつづけるうちに、本当の自由のためには、イギリス本国から独立しなければだめだ、と考え始めました。

そのためには、13州の強い団結が必要です。そこで2回めの大陸会議で、州の数の星を並べた星条旗を国旗とさだめました。1776年6月のことです。

「人間は生まれながらに、自由平等の権利を持っている」

つづいて7月14日には、歴史に残る「アメリカ独立宣言」を発表しました。自由の鐘が高らかに鳴りひびき、植民地の人びとは、たいまつ行列をして祝いました。

戦地にいたワシントンは、この宣言文がとどくと、1万8000人の兵の前で読みあげました。兵士たちは声を張りあげ手をとりあって喜びました。

しかし、戦争が終わったのではありません。その後も苦しい戦いがつづき、ワシントンは、さらに勇気をふるって、バージニア州のヨークタウンでイギリス軍をうちやぶりました。そして、この勝利に勢いを得た 13 州の植民地は、アメリカの独立をイギリスに認めさせることに成功しました。

9 年間にもおよぶ独立戦争が終わったとき、49 歳のワシントンは、髪の毛もひげも、まっ白になっていました。

## ●大統領として建国につくす

アメリカの 13 州は、合衆国としてスタートすることになりました。ところが、こんどは州の境界や税金などをめぐって、州ごとの争いが絶えませんでした。国家として、統一がとれていなかったからです。

1787 年、各州の代表者がフィラデルフィアに集まって合衆国憲法を制定するための会議を開きました。おおくの意見が出ましたが、それをまとめて民主的な憲法を制定させたのがワシントンでした。

1789 年 4 月、ワシントンは、アメリカ合衆国の初代大統領に選ばれました。

ワシントンは、大統領の任につくと、国の基礎づくり

のための政治を力強く進めました。4年後の1793年には、第2期として、ふたたび大統領に選ばれ、国力をたくわえることに努力しました。しかし、3度めには、民主政治を保つためには、同じ人物が長く政権を担当すべきではないと考え、大統領になることを断わって、なつかしいふるさとへ帰りました。

ワシントンは、そののちの3年を静かな田舎でおくり、1799年12月の寒い日、かぜをこじらせて世を去りました。子どものころから正直な心で世の中を見つめ、なによりも人間の自由と正義のために戦いつづけた、偉大な生涯でした。

# ペスタロッチ

（1746—1827）

**教育は、知識をつめこむのではなく、子どもの才能をひきだすことだと主張した教育家。**

## ●おとなしくても、しんの強い子

「子どもには、やさしく接してやらなくてはいけない。心から信じて、あたたかくみちびく態度が必要だ」

深い愛情をもって子どもを育てた、ペスタロッチの思想は、現代の世界の学校教育にとり入れられています。

18世紀ころのヨーロッパの学校は、先生が子どもに一方的に知識を伝えるだけの場所でした。子どもたちに生まれつきそなわっている才能をのばすことや、先生と生徒の心のむすびつきなどは、あまりたいせつにしない教育がおこなわれていました。ペスタロッチは、このような教育に反対して、新しい教育方針をうちたてた人です。

ヨハン・ハインリヒ・ペスタロッチは、1746年1月12日に、スイスのチューリヒで生まれました。医者をしていた父は早く亡くなり、少年時代のペスタロッチは、

神を深く信じる母と、忠実な召し使いのバーバルに育てられました。

はたらき手のいないペスタロッチの家には、お金が入ってきません。わずかなたくわえだけが頼りでした。だから、母は節約を心がけ、服やくつがいたまないように、ペスタロッチを、家の中であそぶようにしつけました。

部屋にとじこもってばかりいたペスタロッチは、もの静かな、おとなしい子に育ちました。

「外であそばないハインリヒは、弱虫にきまっているさ」

からだが小さいうえに、学校へ来てもあまり友だちと親しくしなかったペスタロッチは、よく、みんなにからかわれましたが、どんなにひどいことをいわれても、じっとがまんしました。でも、決しておくびょうな子どもではありませんでした。

ある日、学校で授業をうけていると、突然、大きな地震がおこりました。みんなはあわてて、先を争って外へ飛びだしました。ころぶ子もいました。小さい子はおどろいて泣きだしました。ところが、一人だけ落ちついて、ころんだ子を助け、泣く子をはげました生徒がいます。いつも、弱虫だと笑われていた、ペスタロッチでした。

## ●身分による差別をなくしたい

ペスタロッチは、夏休みになると、毎年、ヘンク村の祖父の家をたずねました。祖父は牧師だったので、キリスト教を広めるため農家をよく訪問しました。ペスタロッチも祖父について、毎日のように農家へ行きました。

農民は朝から晩まで、休まず、はたらいていました。子どもたちも学校へ行かずに、もくもくと畑仕事を手伝っています。でも、生活はたいへん苦しそうでした。

「この人たちを幸せにしてあげたい。そのために、ぼくは、何をしたらよいのだろう」

どんなに思いをめぐらしても、ペスタロッチは、まだ子どもです。自分にできることをいっしょうけんめいに

考えてみましたが、問題はあまりにも大きすぎました。

やがて、成長するにつれて世の中をしっかり見つめるようになり、チューリヒ大学に入って法律を学びました。貧しい人びとを救うには、社会のしくみを変えていく知識を身につけなければならない、と考えたからです。

「人間は、なぜ、身分によって差別されるのだろうか」

いつもこんなことをなやみ、友だちと祖国スイスの将来を熱心に話しあったり、フランスの哲学者ルソーの書いた本を読んだりする、毎日をおくりました。

ルソーは「人間は生まれながらにして自由だ」ととなえて、フランス革命に大きな影響を与えた人です。

「人間は、平等である。差別が生じるのは、社会のしくみがゆがんでいるからだ」

このルソーの主張に心を動かされたペスタロッチは、スイス会というグループをつくりました。そして、雑誌や新聞を発行して、すべての人の幸せを考えていない政府を攻撃しました。ところが、あまりにきびしい批判をくり返したため、役人の怒りをまねき、スイス会は解散させられてしまいました。

## ●貧しい子どもに純真な心を

ペスタロッチは、大学を中途退学して、農民になろうと考えました。ルソーの教えを実行にうつし、将来は、おおくの人たちといっしょに農業をしながら、だれもが平等に生活できる村をつくりたいと考えたからです。

やがて、美しく心のやさしいアンナという女性にめぐりあい、ささやかな結婚式をあげました。アンナは名門の出身です。それにひきかえ、ペスタロッチは貧乏でした。でもアンナは、ペスタロッチの人がらを愛しました。

「あなたの、自分のことよりも人のことを考える心と、まっすぐな性格がとても好きです」

アンナに心から愛され、幸せな生活をつかんだペスタロッチは、土によごれた顔に汗を流して、荒れたビルフェ

ルト平野にたたかいをいどみました。しかし、大きな苦しみが待ち受けていました。

土地にくわを入れると、はね返されてしまいます。石ころだらけです。長く雨が降ると土が流されてしまい、作物が育ちません。そのうえ、銀行からは、もうお金を貸さないといいわたされてしまいました。ペスタロッチは途方に暮れ、考えこむことがおおくなりました。

そんな、ある日、ペスタロッチは、幼い息子ヤコブの教育に熱心になっている自分に、気がつきました。

「そうだ、子どもたちの教育にうちこんでみよう」

ペスタロッチは、自分の家で学校を開き、近所のめぐまれない子どもたちと、共同生活を始めました。
子どもたちといっしょに畑をたがやし、食事は、だれもが同じパンを食べ、同じスープを飲みました。
学校といっても、教科書を使う授業は、ほとんどしませんでした。太陽の下で自然にしたしむことと、はたらくことをたいせつにして、子どもたちに、いろいろなことを自分の力で学びとらせるようにしました。
心がすさみ、暗い顔をしていた子どもたちは、生き生きした表情をとりもどしました。子どもの数も、しだいにふえました。しかし、なかには1日じゅう不平ばかりいっている子や、すぐけんかを始める子、学校をにげだす子などがいて、子どもがおおくなれば、それだけ苦労が絶えませんでした。
「あの学校では、子どもを、ただばたらきさせている」
こんな無責任なうわさも広がり、これまで学校にお金をだしてくれていた人たちも、しだいに、遠ざかっていきました。それだけではありません。子どもたちのせわに疲れたアンナが、病気でたおれ、ついに、学校をつづけることができなくなってしまいました。

## ●むちの教育から愛の教育へ

ペスタロッチは、だれにも理解してもらえない自分の

気持ちを『隠者の夕暮れ』という本に書きました。また『リーンハルトとゲルトルート』という小説も発表して、教育のほんとうのすがたを、世の人びとに示しました。それは、ある夫婦が7人の子どもたちをりっぱに育て、その教育方針に感動した国王や牧師が、すぐれた教育によって理想の国家をつくりあげるという物語です。

ペスタロッチの主張は、この本を通じてヨーロッパの国ぐにで評判になりました。ドイツの哲学者フィヒテは、夜も眠れないほど感激して、ついにはペスタロッチをはるばるたずねたほどでした。40歳を迎えたペスタロッチは、教育者として名を知られるようになりました。

1789年に、フランス革命がおこりました。

「いよいよ、民主主義の世の中になるぞ」

ペスタロッチは喜びました。しかし、それはつかの間でした。革命軍は、勝利をおさめると、無力になった敗北者の首を、まるで大根でも切るようにギロチンではねました。しかも、革命軍はスイスにまで侵入してきて戦火を広げ、おおくの家を焼き、無数の人びとを殺しました。

町や村には、家も親も失った子どもたちがあふれ、これを見たペスタロッチは、もうだまってはいられません。

「どうか、不幸な子どもたちを、あずからせてください」

政府にねがいをだしたペスタロッチは、まもなくスタンツ孤児院の院長に任命され、自分のすべてを子どもたちにささげる生活を、ふたたび始めました。

およそ50人の孤児がいましたが、どの子も、すっかりやせて顔色が悪く、からだは汚れ、服はぼろぼろでした。やがて子どもが270人にふえてベッドが足りなくなると、ペスタロッチは自分のベッドも子どもたちに与えました。病気の子どもには、ひと晩じゅう寝ないで、つきそってやりました。

残ぎゃくな戦争にまきこまれて、いつも、何かにおびえているような子どもたちを見ると、自分のことなどかまってはいられません。ペスタロッチは、どんな親にも

負けないあたたかい愛情を、すべての子どもにそそぎました。やがて子どもたちの間から明るい笑い声が聞こえたときには、なみだをながして喜びました。

ところが、実現しはじめていた夢が、またもや、うちくだかれてしまいました。侵入してきたフランス軍の命令で、孤児院の建物が、野戦病院をつくるために取りあげられることになってしまったのです。子どもたちを集めてから、まだ半年しかたっていませんでした。

孤児院をうばわれたペスタロッチは、ばらばらになってしまう子どもたちのことを思うと、悲しくてしかたがありませんでした。でも、けっしてくじけませんでした。

「月給はいりません。どこの学校でもかまいません」

子どもねの愛にみちた理想の教育を、もっともっと進めたいと願ったペスタロッチは、自分の教え方をそのまま許してくれる学校を探しました。しかし、子どもたちを、のびのびと育てたいという考えは、なかなか理解してはもらえませんでした。

ようやく見つけた学校は、くつ屋の主人が校長をつとめ、仕事のあい間に教育している、ちっぽけな学校でした。古い教科書を使い、昔からの方法で授業を進めていたので、子どもたちは、すっかりたいくつしていました。

ペスタロッチは、すぐ理想の教育にとりかかり、まず教科書を使うのをやめて、絵をかいたり、からだを動かしたりすることをたいせつにしました。

子どもたちは、自由な教育を喜び、学力もしだいに向上しました。ところが、親たちは子どもの学力がのびるのはわかってはいても、これまで見たこともない新しい教育にとまどい、苦情をいうようになりました。また、くつ屋の主人は、ペスタロッチが子どもたちに人気のあるのをねたんで、でたらめの悪いうわさを流し、評判を落とさせてしまいました。ペスタロッチは、わずか１年たらずで、別の学校へ移らなければなりませんでした。

新しくつとめることになった学校の校長は、若い女性

でしたが、子どもを自由に育てる教育を、すべてこころよく許してくれました。

ペスタロッチは、情熱にもえてさまざまな計画をたてました。まず、何を教えるにしても、実物を使って学習させることを基本に考え、子どもたちをできるだけ野外へ連れだして、自然観察を楽しませました。教科書に書いてあることを暗記させるのではなく、自分の手や目や耳で学ばせようとしたのです。

教室にも、いろいろなものを持ちこみました。数の練習には、草花や小石を使わせたりしました。

死んだ魚のような目をして授業を受けていた子どもた

ちは、自分から進んで勉強するようになりました。そして学期末の試験では、ペスタロッチの教えたクラスは、ほかのクラスにくらべると、とびぬけてよい成績をあげました。

おどろいたのは、親や先生だけではありませんでした。ペスタロッチの教育に感心した市の教育委員会は、大きな城を学校として使うことを許してくれました。

## ●午前２時に起きた校長先生

大きな学校の校長となったペスタロッチは、自分の信じるとおりの教育を進めることができました。ペスタロッチをしたって、すぐれた教師もたくさん集まりました。

毎朝、ペスタロッチは、まだまっ暗な午前２時に起きました。ほかの教師たちも３時に起きて、その日の授業の準備を始めます。冬のどんなに寒い時期でも、この習慣はかわりませんでした。

子どもたちも、５時には、いっせいにベッドから出ました。うす暗い講堂で朝のおいのりをすませると、先生も生徒も井戸の水を頭から浴びます。身も心もひきしまったころ、向かいの山あいから光が射しこみ、規則正しい学習と労働の１日が始まります。

子どもたちの自発性を育てるペスタロッチの指導方針

は、広く知れわたり、世界各国から、おおくの人びとが教育を見におとずれてくるようになりました。しかし、生徒の数がふえると、中には、わがままにふるまって規律を乱す子も現れ、先生の間でも、教育について意見が対立するようになりました。

1825年、ペスタロッチが命をかけてきずきあげた愛の学校は、さまざまな混乱で学校の経営がむずかしくなり、ついに、つぶれてしまいました。ペスタロッチは、むかし農業をしながら学校を開いた土地へもどりました。でも、晩年をのんびりする間もなく、2年後に、教育のために生きた崇高な生涯を終えました。

# ジェンナー

（1749—1823）

**十数年にわたって種痘の研究を重ね、恐ろしい天然痘から数えきれない人命を救った医師。**

## ●ツバメはほんとうに冬眠するの？

天然痘は、ペストやコレラと同じように、昔からたいへん恐れられてきた伝染病です。人から人へ伝染する力が強く、１度伝染すると、おおくの人たちが、高い熱がつづいたあげく死んでいきました。たとえ命をとりとめても、顔じゅうに、まるで噴火口のようなあばたが残りました。

この天然痘の恐ろしさから人類を救ったのが、エドワード・ジェンナーです。

ジェンナーは、18世紀の半ばに、イギリスのグロスターシャ州で生まれました。父は、牧師でしたが、ジェンナーが５歳のときに亡くなり、少年時代は、父のあとを継いだ兄に育てられました。

幼いころから、ジェンナーは、鳥や花がたいへん好き

でした。ひまさえあれば野山へでかけて、美しい自然の中ですごしました。年がたつにつれて、物を、落ちついて、しっかり観察する習慣を身につけ、どんな草花でも、すぐ種類を見わけました。遠くでさえずる鳥の声を聞いただけで、その名をまちがいなく言いあてました。

やさしいだけでなく、自分でなっとくのいくまで確かめてみないと、気のすまない性格でした。

ある冬の日、ジェンナーは野原へ出て、スコップで土を掘り始めました。

「寒くなってくるとツバメがすがたを消すのは、土の中や木の穴にもぐって冬眠するからだよ」

まえの日の夜、兄に、こう教えられたからです。渡り鳥の研究が進んでいませんでしたので、ツバメはほんとうに冬眠すると信じられていました。ところが、いくら掘っても、ツバメは見つかりません。何日つづけても、出てくるのはカエルばかりです。

「おかしいぞ、ツバメはほんとうに冬眠するのかなあ」

この疑問を、ジェンナーは、晩年に渡り鳥の本を著すまでいだきつづけました。

## ●中学を卒業して医者の道へ

「ぼくは医者になって、病気に苦しむ人たちを助けよう」

成長するにつれて、ジェンナーは医者の道へ進むことを考えるようになりました。近所の美しい娘が天然痘にかかって、顔じゅうあばただらけになってしまったのを見たことも、その大きなきっかけでした。

15歳で中学を卒業したジェンナーは、外科医ラドローのもとで、医学の勉強を始めました。

このラドローのところにいたときのことです。牛の乳しぼりをしている農婦が、診察を受けにやってきました。高い熱で苦しそうなのを見て、ラドローは「天然痘かもしれない」と言いました。すると農婦は、そんなことがあるものですか、というような顔をして答えました。

「わたしは、天然痘にはかかりませんよ。だって、もう、牛痘にかかったことが、あるんですもの」

牛からうつる牛痘に１度かかった人は、天然痘にはかからない、という言い伝えを聞いていたラドローは、軽く笑っただけでした。農民たちの迷信にすぎないと、考えていたからです。ジェンナーも気にとめませんでした。しかし、このときのことが、のちの大発見の手がかりとなったのです。

21歳の年にロンドンへ出て、有名な外科医ハンターの弟子になり、２年間、勉強しました。ハンターのところで学べたことは、たいへん幸せでした。

ハンターは、病気の原因をどこまでも追究し、治療方法を、絶対に正しいと信じられるようになるまで、何度でも確かめてみる人でした。ジェンナーは、真実をきびしく追究する科学者の態度を、ハンターから学びとりました。

自然科学全体に興味をもっていたジェンナーは、ロンドンにいるあいだに、動物学、鳥類学、地質学なども勉強しました。博物学者としての名が広まり、探検家のジェームズ・クックから世界一周の航海にさそわれたこともありました。でも、医者として人のために生きるというジェンナーの決心は、変わりませんでした。

いつかきっと、天然痘から人びとを救わねばならないと、心に決めていたのかもしれません。

「病気で苦しむ人たちが待っている」

1773 年、ジェンナーは故郷のバークリーへ帰り、病院を開きました。24 歳でした。

## ● 20 年のあいだ、研究に研究

「どんな病人も真心こめて治療してくれる、本当に、心のやさしい先生だ」

ジェンナーは、詩を作り、音楽を愛し、話はユーモアにあふれ、その豊かな人がらは人びとに尊敬されて、病

院は、たいへん繁盛しました。

天然痘の研究にとりかかったのは、病院を開いてからまもなくのことです。顔がまっかになる高い熱。全身をおおう吹きでもの。吹きでものから流れでる黄色いうみ。「先生、どうか助けてください」とさけぶ患者の声を聞いているうちに、7、8年まえ、外科医ラドローのところにいるときに耳にした、乳しぼりの農婦の話を思いだしました。

「牛痘の話は、迷信ではないのかもしれない。自分で確かめもしないで迷信だと思いこむのは、ハンター先生の教えにも、そむくことだ」

ジェンナーは、牛痘について調べ始めました。そして、確かに、手のひらに発しんができるだけですむ牛痘にかかった人のおおくが、天然痘にはかかっていないことを、つきとめました。また、牛痘には２つの型があり、天然痘にかからないのは１つの型だけだ、ということも、つきとめました。

「牛痘と天然痘は、ほとんど同じ病気なんだ。だから、牛痘にかかった人のからだは天然痘に慣れ、からだに抵抗力ができて、自然に天然痘にかからなくなるのだ」

このように考えたジェンナーは、研究に研究を重ねました。外国のことも調べて、中国では、天然痘にかかった人の吹きでもののかさぶたを、幼児のからだにくっつけたり、患者の着ていた下着を着せたりして、わざと軽い天然痘にかからせていることなども知りました。

しかし、牛痘にかかることや、軽い天然痘に１度かかることが、恐ろしい天然痘の予防になるのだろうということはわかっても、実際に、自分の手で実験に成功しないかぎり、その正しさを信じこむわけにはいきません。医者として、完全に自信のもてないことを世の中に発表することも、許されません。

ジェンナーは、およそ20年ものあいだ、けっしてあわてないで、研究をつづけました。

## ●石を投げつけられながら実験

1796年、ジェンナーは、ついに、自分の考えの正しさを証明してみせることを決心しました。乳しぼりの農婦の手にできた牛痘の吹きでものから、うみを採りだして、それを子どもの腕に、うえつけてみようというのです。

ジェンナーは、近所の人たちに、子どもを実験に使わせてくれるようにたのみました。でも、親たちが承知してくれるはずがありません。

「健康な子どもに、わざわざ恐ろしい病気のうみをうえつけるなんて、ジェンナー先生は悪魔にのろわれたのだ」

「そんなことをしたら、子どもを殺してしまう」

近所の人びとも、友人の医者も、ジェンナーを、きびしく非難しました。患者が病院へ来なくなったばかりか、ジェンナーに石を投げつける人さえいました。しかし、ジェンナーは、くじけませんでした。長いあいだの研究で、ぜったいに失敗しない自信をもっていたからです。

ある日、フィップスという名の８歳の少年が、ひとりで病院へやってきて言いました。

「よかったら、ぼくを実験台に使ってください」

ジェンナーは、少年の手を固くにぎりました。そして、いよいよ5月 14 日に、実験にとりかかりました。

まず、フィップス少年の腕に、牛痘患者から採ったうみを、うえました。少年は、牛痘にかかるはずです。

つぎの日、少年のからだに、小さな吹きでものが現れ始めました。「どうぞ、フィップスを、お守りください」少年の父と母は、神に祈りました。

吹きでものは３、４日で消えました。そして、およそ２か月ごの７月１日には、こんどはほんものの天然痘をうえつけました。

初めの牛痘が予防の役目を果たしていなければたいへんです。少年は死んでしまうかもしれません。ところが、２日たち、３日たち、１週間たっても、フィップスは、

熱もでなければ、吹きでものもでてきません。

「フィップス少年は、やはり天然痘にかからなかった。わたしの信じたとおりだ」

　実験は、完全に成功しました。人類にとって初めての種痘法の発見です。

「これで、世界の人びとを天然痘から救うことができる」

　ジェンナーは、自分が医者になったことを、改めて誇りに思いました。

## ●悪魔から人類の恩人へ

　1798年、ジェンナーは研究と実験の結果を『牛痘接種による発疹の原因と効果』という論文にまとめて、ロンドンの王立協会へ提出しました。

ところが、有名な医者にも、えらい学者にも、相手にされませんでした。牛のような動物のからだから採ったものが、人間の伝染病の予防にきくなんて、とても信じられなかったからです。また、ジェンナーが、町の病院の、名もない医者にすぎなかったからです。

「牛痘を人間にうえるなんて、人間を牛扱いする気か。そんな医者には、牛の番人でもさせておけ」

論文を読みもしないで、ふんがいする学者もいました。

「人間を使っての実験回数が少ないから、信じてもらえないのも、しかたがない」

ジェンナーは、王立協会の人たちに受け入れられなくても、怒りませんでした。怒るどころか、論文を早くだしすぎたことを反省して、さらに実験を重ねました。

1799年にも、1800年にも論文を発表しました。やがて古い考えの医者や学者も、しだいにジェンナーの研究を信じるようになりました。そして1803年には、種痘を広めるためのジェンナー協会がロンドンにつくられました。

「あなたの論文のとおりにやったら、いっぺんに、天然痘患者が少なくなりました。あなたは人類の恩人です」

各地の医者からよろこびの声が寄せられるようになり、

ジェンナーの名は世界に広まっていきました。近所の人たちも、ジェンナーを悪魔だとののしったことを心からあやまり、われ先に子どもをかかえて、病院へかけつけてくるようになりました。

「みんなが、やっと理解してくれた。苦しかったけれど、研究をつづけてよかった」

　ジェンナーは、貧しい人びとに無料で、1日に300回もの種痘をしてやりました。よその病院の医者が、種痘に失敗して逆に天然痘患者をふやしてしまうこともありましたが、そんなときは、でかけて行ってしんせつに指導しました。

「ジェンナーは、国民を救ったのだ。国からもお金をだして、研究を助けよう」

やがて、イギリスの内閣はジェンナーの功績をたたえ、国から大きなお金を贈るようになりました。種痘の発見によって、数億の国民の命が救われたインドからも、ジェンナーへの感謝の気持ちをこめた寄付金が、たくさん寄せられました。

ジェンナーは、イギリスが誇りにする偉大な医者になりました。しかし、国から、ロンドンに住んで研究をするようにすすめられても、応じようとはしませんでした。ふるさとの人びとに囲まれて、いつまでも静かに、こつこつと研究をつづけたかったからです。

## ●少年時代からの夢も果たして

1813年、オックスフォード大学から、64歳のジェンナーに名誉博士号が贈られました。名誉や地位などは考えないで、人のためにつくすことを第一にして生きてきたジェンナーでしたが、中学校を卒業してからの長かった道のりを思い返すと、イギリス最高の大学から博士号を贈られたことは、やはり感激でした。

70歳をすぎてからも天然痘のことを考えつづけ、73歳のときに『ある種の疾患における人工発疹の影響につ

いて』と題する本を出版しました。そして、そのつぎの年に、さらに、すばらしいことをなしとげました。冬眠しているツバメをさがした、少年時代の疑問に光をあてて、『鳥の渡りについて』という論文を発表したのです。

『鳥の渡りについて』は、天然痘についての論文にくらべると、小さなものでした。しかし、少年時代からの疑問をいつまでも忘れないで、生涯をかけて真実を追究したことは、なによりも偉大です。

自分の目的とたたかいつづけたジェンナーは、渡り鳥の論文を発表したその年に、すべての夢を果たし終えるのを待っていたかのように、74 歳の生涯を閉じました。

## ハイドン（1732—1809）

作曲家ハイドンのふるさとは、オーストリア東部のローラウという村で、むかしから歌や踊りのさかんな地方です。ハイドンは、音楽的な環境にめぐまれて育ちました。本格的に音楽の修行にうちこみはじめたのは、6歳ごろからです。まず、ハインブルクの音楽教師について、2年ほどきびしい指導をうけました。8歳になるとウィーンへでて、シュテファン聖堂の少年合唱団にはいりました。

合唱団員としてのハイドンは、ボーイソプラノで、しばしば独唱者をつとめるなど、人びとの注目をあつめていました。しかし、17歳になると声変わりで歌えなくなり、合唱団を去らなければなりませんでした。

家が貧しかったので帰ることもできず、ハイドンは途方に暮れました。屋根裏を借りて、そこで音楽教師をしたり、流しのバイオリンひきになったり、各地をてんてんとしながら生活をささえました。ハイドンは、そのあいまに作曲を手がけ、かずかずの交響曲や四重奏曲を生みだして、作曲家としての才能をあらわしていきました。

1761年、名門貴族エステルハージ家の管弦楽団副楽長になりました。やがて第1指揮者となり、新曲をつくってはエステルハージ公にささげるという生活を、約30年間つづけました。

楽員たちが長時間の演奏につかれてしまったある夜、ハイドンは新しい交響曲の指揮をはじめました。曲は、最後に近づくにつれてゆっくりとなり、楽器の奏者が、一人、また一人、自分のまえのろうそくを消して舞台を去っていくのです。そして

とうとう、1本のろうそくのまえのバイオリン奏者とハイドンだけになり、曲は終わります。それぞれの楽器が、しだいに演奏をやめてしまうめずらしい技法の『告別』という曲です。人びとは盛大な拍手をおくりました。エステルハージ公は、楽員が毎日の演奏につかれはてていることを思いやった意味に気づき、2週間の休みをあたえたということです。

ハイドンは、100以上の交響曲と80曲もの弦楽四重奏曲をのこしました。『天地創造』『四季』などの名曲は、ハイドンの代表作です。古典音楽のうえでソナタ形式をうちたてたことも、ハイドンの功績としてたたえられます。

1809年5月、ハイドンは、ウィーンに攻めいるフランス軍の砲声をききながら、世を去りました。ハイドンが亡くなったことがつたわると、オーストリア軍もフランス軍も、戦いを中断して、偉大な作曲家の死をいたみました。

# ワット (1736—1819)

ワットの蒸気機関の発明は、イギリスの産業革命で、最大のできごといわれます。

蒸気機関の原理は、古くから考えられていました。でも、実用的なものができはじめたのは、17世紀のすえごろからです。セーバリやニューコメンらによって作られた単純な装置で、鉱山の排水などに利用されていました。ワットは、ニューコメンの機械を細かく調べあげ、新しい蒸気機関を発明しました。ワットの20年にもおよぶ血のにじむような努力が、つみ重ねられた結果でした。

ジェームズ・ワットは、スコットランドのグリノックという港町に生まれました。父が船大工でしたので、ワットは仕事場にある道具でいろいろな模型をつくって遊んだり、父の仕事をてつだったりしながら育ちました。19歳のときロンドンにでて、機械屋ジョン・モーガンのところに弟子いりしました。手先の器用なワットは、モーガン親方の教える技術を、たちまち自分のものにしてしまい、1年ごにはグリノックへもどりました。

1757年、グラスゴー大学の教授たちの好意で、ワットは大学のなかに機器修理の店をひらくことになりました。ある時、ニューコメン機関の模型の修理をたのまれて、蒸気機関をてがけることになりました。

「これでは能率が悪い。石炭もたくさんいるし、蒸気もむだだ」

ニューコメンの機械が、あまりにも欠点のおおいことに気づいたワットは、改良しようと思いたちました。それからはもう、蒸気機関にむちゅうになり、昼も夜も、研究にあけくれました。

まず、蒸気を冷やす復水器という装置を研究し、つぎに、大気圧にたよらず蒸気の圧力で、ピストンを往復させるしくみを考えました。でも、なんど実験しても失敗の連続です。研究にうちこめばうちこむほど、生活は苦しくなり、借金がふえるばかりです。店もたたまなければならなくなり、妻にも先だたれ、すっかり希望をなくしてしまいました。

そのときにあらわれたのが、金持ちの工場主マシュー・ボールトンです。ボールトンは、ワットの発明に大きな期待をかけました。ワットは、力強い協力をえて、ついに新型の蒸気機関を完成させました。そして、ピストンの往復運動を回転式にきりかえるなど、いろいろな工場の機械を動かす原動機にしあげたのです。ワットのすぐれた蒸気機関は、産業を手工業から工場生産に発展させただけでなく、世のなかのしくみまでも変えてしまいました。

## ラボアジエ（1743—1794）

ラボアジエは、近代科学の父とよばれ、まちがっていた科学の理論を次つぎに正し、それを実験で証明しました。おおくの業績をのこした偉大な学者です。しかし、1789年におきたフランス革命によって、おしくも命を奪われてしまいました。まだ元気で活躍中の身でした。

アントワーヌ・ローラン・ラボアジエは、パリの恵まれた家庭に生まれました。父は弁護士で、母も弁護士の家に育った人です。幼いころから名門校に通い、すぐれた教育をうけたラボアジエは、勉強が何よりもすきだという少年時代を過ごし、やがて大学にすすんで、法律を学びます。しかし、関心はしだいに自然科学の方面へむいていきました。化学をはじめとして地質学、植物学、天文学など、広く学びました。23歳の時、早くも都市の夜間照明についての論文を書いて、化学アカデミーから金メダルを受賞しました。ラボアジエが手がけた研究は、いろいろな分野にまたがっています。その中でも、元素の研究は、近代科学の橋渡しとなった、もっともかがやかしい業績です。

それまでは、火と水と土と空気の4種類が元素であると信じられていました。ラボアジエは、さまざまな実験をくり返し、4元素説がまちがいであることを証明しました。そして、新たに酸素、窒素、水素など30種の元素が存在していることを確かめました。ラボアジエが、これらの研究結果をもとに出版した『化学教科書』は、近代科学の道しるべとして高い評価をうけました。

ラボアジエの活躍によって、化学は急速な進歩をとげました。

しかし、社会のしくみやしきたりは、古い形で根強く残っていました。人びとは、不合理な制度にしばられて、苦しい生活にひたすら耐えていました。おおくの不公平は、少しも改善されずに、不満はふくれ上がるばかりでした。そして、人びとの不満は、絶対王政へのはげしい敵意となって、フランス革命に発展しました。きびしい追及が始まり、ラボアジエにまで非難がおよびました。ある時期、徴税請負人という、税金をとりたてる仕事をしていたからです。どんなに貧しく困っている人からも、むりやり集金していくので、たいへん憎まれた職業でした。ラボアジエは、革命の嵐にまきこまれ、51歳の年に断頭台で処刑されてしまいました。

学者をはじめとしておおくの人が、ラボアジエの死を悔やみました。フランス国民は、とり返しのつかないことに気が付き、罪人の名をとり消して、ねんごろに葬儀を営んだそうです。

## ジェファソン（1743—1826）

「人間には生まれたときから、自由と平等を求める権利が与えられ、国は、それを守る義務がある」

この歴史に残るアメリカ独立宣言を書いたトマス・ジェファソンは、1743年、イギリスの植民地だったバージニアで生まれました。父は、農場をいとなむかたわら、バージニア議会の議員もつとめた、教養の高い人でした。

ジェファソンは、開拓者たちの自由な心を受けついで育ち、早くからギリシア語やラテン語を学んで、16歳で大学へ進み政治、法律、哲学、自然科学などを幅広く学びました。

大学を終えると弁護士の仕事を始めました。しかし、年がたつにつれて、すべての人が幸福になるための政治について考えるようになり、26歳で、植民地議会の議員になりました。

このころ、北アメリカ大陸のイギリス植民地では、高い税金や商品をおしつけようとするイギリス本国への不満がつのり、植民地の独立を叫ぶ声が強まっていました。

1775年、ついに植民地の人びとは立ちあがり、イギリス本国との間でアメリカ独立戦争を始めました。そして、つぎの年には13植民地の代表が集まって会議を開き、アメリカの独立を宣言しました。ジェファソンは、このときバージニアの代表として会議に加わり、政治に対する考えの深さがみこまれて、人間の自由と平等をたたえる独立宣言文を書いたのです。

アメリカの独立は、1783年に達成しました。ジェファソンは、初代大統領ワシントンのもとで国務長官を、第2代大統領ジョン・アダムスのもとでは副大統領をつとめたのち、1800年に、

アメリカ合衆国第３代大統領になりました。
「人間の自由と平等のために戦った独立戦争の精神を、いつまでも忘れてはならない」
大統領ジェファソンは、国の政治はおおくの人たちの考えで決めるという、共和制をたいせつにしながら、民主主義の基礎を固める政治を進めました。また、1803年には、フランスのナポレオン１世から、北アメリカ中央部の広大なルイジアナ全土を買い求め、合衆国の国の広さを、それまでの２倍にしたばかりか、西部への発展のきっかけをつくりました。
「国の政治を同じ人間が長く受けもってはいけない」というワシントンの考えに習って、大統領は２期で、自分からしりぞきました。そして66歳で故郷へ帰ったジェファソンは、バージニア大学を建てて教育に力をつくしたのち、83歳で亡くなりました。アメリカ民主主義の父として、いまもたたえられています。

## ゴ　ヤ（1746—1828）

画家ゴヤは、だれもが見すごしてしまうような、日常のできごとから、おおくの矛盾や狂気を発見しました。ゴヤのかいた絵は、いつでも社会の動きや、人間の生き方をきびしくとらえています。

フランシスコ・ゴヤ・イ・ルシエンテスは、1746 年スペインの田舎、フェンデトドス村に生まれました。住む人もあまりいない、貧しい地方でした。幼いゴヤが、そこでどのような生活をしていたのか、くわしくはわかっていません。しかし、ゴヤは、絵の好きな少年でした。本格的に美術の世界へ入ったきっかけは、壁のいたずらがきを通行人に認められたからだと言われています。

10 歳ころゴヤは、大都市マドリードへ出て、絵の修行を始めました。まだ自分の知らない知識や技術を、はげしく追い求め、吸収しました。そのご、イタリアにも留学して、絵のコンクールでは、2 等賞をとるほどのめざましい活躍ぶりでした。

ゴヤは、才能ある画家として評判になりました。再びマドリードへ戻り、今度は王立つづれ織工場で、壁かざりの絵をかくことになりました。それまでの壁かざりには、たいてい神話や英雄物語の絵がかかれていました。しかしゴヤは、そうした慣例を無視して、力強い線と生き生きした色で、その時代の身近な人たちのすがたを描きました。

ゴヤは出世しました。1779 年にはスペイン王に面会できる身分となり、やがてカルロス 4 世の宮廷画家に任命されました。

しかし、良いことばかりではありませんでした。1792 年、

ゴヤ画『自画像』『巨人』

ゴヤは旅行中、とつぜん原因不明の病気にかかってしまいました。高い熱がでて、からだが動かなくなり、耳も聞こえなくなってしまいました。やがて、病気はなおりましたが、耳だけは死ぬまで聞こえるようにはなりませんでした。

40代半ばにして、まったく音を失ってしまったゴヤは、そのことによってくじけるどころか、ますます、するどい見かたで画面に立ちむかいました。

そして『カルロス4世の家族』『裸のマハ』などの傑作を生み、人間のおろかさや心理を大たんに描きあげました。

晩年は、ひとり別荘にこもり、内臓をさらけ出したようなすさまじさと、なげきと悲しみにみちた作品ばかりを描きつづけました。

のちの美術界に大きな影響を与えたゴヤの絵は、いまもなおたたえられ、研究されつづけています。

## ゲーテ（1749—1832）

ゲーテは、歴史に残る偉大な文学者です。いつでもこまやかに人間を見つめ、作品を描きつづけました。のこされた詩や小説は、いまでも世界じゅうの人びとに親しまれています。

ゲーテは、ドイツの商業都市フランクフルトに生まれました。父はゆうふくな法律家で、母は市長の娘でした。明るい家庭でしたが、父親は、たいへんやかましい人でした。ゲーテは、毎日きびしく勉強させられたので、15 歳のころには、ギリシア語、ラテン語、ヘブライ語など 7 か国語の読み書きができるようになっていました。

ライプチヒの大学にすすんだゲーテは、父の強いすすめで、法律を学びました。しかし、ゲーテ自身は、法律にさほど興味がありませんでした。しばらくすると、親の目がとどかないのをさいわいに気ままにくらし始めました。不規則な生活をつづけ、ついには重い病気にかかってしまいました。やがて健康をとりもどしたゲーテは、ヘルダーという文学者に出会い、文学を見る目が初めてひらかれました。

そして、古い考え方に反抗して、あるがままの自分の感情をほとばしるように表現しました。1774 年に発表したゲーテの代表作『若きウェルテルの悩み』は、失恋の心の痛手を小説にしたものです。新鮮な作品に感動した若者たちが、しだいにゲーテのまわりに集まるようになりました。

26 歳の時、ゲーテは、ドイツ中部にあるワイマール公国にまねかれました。突然のことでした。ゲーテは、ワイマールで高い地位をあたえられ、一生この地に住みつづけました。本を

読み、作品を書くだけではなく、政治にもたずさわり、忙しい生活でした。しかも、ゲーテは、しばしば恋愛をしました。ある時は、すでに結婚している女性を好きになってしまい、1500通もの手紙を送りつけたほどでした。でも年をとるとともに、若いころのはげしい性格に、豊かさをくわえ、落ち着いた円満な人間になりました。そして、人生や世界を深くとらえた名作『ファウスト』を生みだしました。

ゲーテは、大文学者として名を高めましたが、それと同時にその純粋な人がらが、おおくの人に尊敬され、したわれました。なかでも詩人シラーとの美しい友情は、あまりにも有名です。

文学によって、人間の愛と真実を語り、政治や科学の方面にも活躍したその生涯は、迷い、苦しみ、悩みの連続でした。

1832年、82歳のゲーテは「もっと光を……」という言葉を最期に、この世を去りました。

## ファラデー（1791―1867）

電気学の父とよばれているマイケル・ファラデーは、1791年に、イギリスの首都ロンドンの郊外で生まれました。

父は、仕事のじょうずなかじ屋でしたが、体が弱く病気がちでした。家族は生活が苦しく、馬小屋の2階でパンだけをかじって1日が終わることもありました。じゅうぶんな勉強もできないまま小学校を卒業したファラデーは、父や母を助けるために、13歳で製本屋の小ぞうになりました。

ファラデーは、どんなつらい仕事でも、いやがらずにいっしょうけんめいはたらきました。そして、仕事が終わってからも、休まずに、自分の製本した科学書や百科事典などを読みふけりました。なかでも、科学の本がいちばんすきでした。

本を読むだけでなく、重要なところは文や図面をノートに書きぬき、さらに、自分の目でたしかめるために、けんやくしたお金で道具を買って、実験もつづけました。町で開かれた科学の講習を聞きに行き、これも片はしからノートにとりました。

「なんとかして、科学者の道へ進みたいのですが……」

やがて21歳になったファラデーは、思いきって、名だかい王立研究所の科学者デービーへ、これまでのノートをそえて手紙をだしました。すると、数か月ののち、すばらしいへんじがとどきました。研究所へきてもよいというのです。ファラデーは胸をおどらせて、デービーのもとへとんで行きました。

「なぜ、こうなるのだろう。こうすれば、どうなるのだろう」

ノートをとりながら何度も実験をくり返したファラデーは、やがて電気の世界に入り、40歳のときに、発電機の基礎になっ

た電磁誘導現象というものを発見しました。

「電流で、磁気ができるのなら、逆に、磁気で電流を起こすこともできるのではないだろうか」

ファラデーは、人の考えの逆を、もういちど考えたのです。

そのご、研究所の教授となり、ファラデーが電気のことで、実験しなかったものはなにもない、といわれるほどに研究をうちこむ毎日を送りました。

年をとってからは、クリスマスがくるたびに、ろうそくを材料にして、科学とはどんなものであるかを、だれにでもわかるように、やさしく話して聞かせました。その話をまとめた『ろうそくの科学』は、いまも世界じゅうの子どもたちに読みつがれています。

1867年8月、ファラデーは長い研究生活に終わりを告げ、人類に明るい光を残してこの世を去りました。

## 「読書の手びき」

### ワシントン

アメリカ合衆国は移民の国です。1756年から1763年にかけて、イギリス植民地とフランス植民地のあいだで行なわれた植民地7年戦争。そして、この戦争に勝ったイギリス植民地の人びとが、植民地解放のために1775年から1781年にかけてイギリス本国と戦った独立戦争。この2つの戦いを経て合衆国の独立が成し遂げられ、1789年にワシントンが初代大統領となりました。2つの戦いに銃をとったワシントンは、まぎれもなく、アメリカ開拓者の1人だったわけです。植民者の1人として、みんなといっしょに汗と血を流して新しい国をきずきました。だからこそ、建国の父とたたえられているのでしょう。ワシントンは、2期で自ら大統領を退きましたが、最後に政治家と国民に対して、国内の党派争いを起こさぬことと、他の国の紛争に巻き込まれないことを強く訴えたということです。少年時代に正しく生きることを教えられたワシントンは、規律正しい国の建設を願ったのです。

### ペスタロッチ

「私は、子どもたちといっしょに泣き、いっしょに笑った。子どもたちは私とともに、私は子どもたちとともにあった」。このように書き残しているペスタロッチは、自分の生涯を、子どもたちへの愛の教育にささげつくしました。型にはまった教室や教科書や指導方法は、すべて否定しました。子どもたちに、自分で見ること、感じること、行なうことをたいせつにさせながら、子どもの生活全体をとおして教育していくことを考えたのです。画一的な知識注入主義の教育には完全に背を向けました。1人1人の子どもが、主体的に、個性豊かに、人間らしい人間として育つことを願ったからです。しかも、理論を口にするのではなく、自分が子どもの中に飛び込んで